Dieses Buch gehört:

WAS IST WAS Erstes LESEN

Christina Braun

Wölfe

TESSLOFF

Hallo!

Ich bin Wilma, die Wölfin. Mit meinem Rudel lebe ich in Sachsen. Das liegt im Osten von Deutschland. Dort gibt es noch viele Wälder, in denen wir gut jagen können. Viele Menschen haben Angst vor uns. Dabei sind wir uns noch nie begegnet. Eigentlich sind Wölfe sehr scheu. Aber dich nehme ich heute mal mit und zeige dir, wie wir so leben. Hast du Lust, meine Familie kennenzulernen?

Inhalt

Jäger im grauen Pelz

Rotkäppchen

Eine Wölfin säugt die Brüder Romulus und Remus.

Geschichten über den Wolf

Die meisten von uns haben noch nie einen Wolf in freier Natur gesehen. Doch wir kennen viele Geschichten rund um die grauen Tiere.

Im Märchen wird der Wolf oft als böse und hinterlistig beschrieben. Er will zum Beispiel das Rotkäppchen und die sieben Geißlein fressen.

Nach einer alten Sage wurden die Brüder Romulus und Remus von einer Wölfin aufgezogen. Später gründeten sie die Stadt Rom.

Wahr oder falsch?

Natürlich ist der Wolf ein Raubtier.
Aber er ist nicht böse.
Er jagt andere Tiere, um sich
und seine Jungen zu ernähren.
Menschen frisst er jedoch nicht.

Wölfe leben in einem Rudel.
Alle zusammen kümmern sich
liebevoll um den Nachwuchs.
Wölfinnen ziehen aber keine Jungen
von anderen Tieren auf.
Erst recht keine Menschen.

Das alles gibt es nur
in erfundenen Geschichten.

Die Wölfin passt gut auf ihre Jungen auf.

Nordhalbkugel

Wo leben Wölfe?

Wölfe sind sehr anpassungsfähig.
Sie kommen in ganz
verschiedenen Gebieten vor.
Alle Wölfe leben auf der Nordhalbkugel
unserer Erde – in kalten Gegenden
genauso wie in warmen.

Hoch im Norden leben Wölfe
in der sogenannten Kältesteppe,
der arktischen Tundra.
Und auch in der Taiga,
den dichten nordischen Nadelwäldern,
sind die Tiere heimisch.

Tundra

Taiga

Diese beiden Wölfe streifen durch den Bayerischen Wald.

Wieder da!

In Tibet leben Wölfe sogar im Himalaya.
Das ist das höchste Gebirge der Welt.
Und auch in Wüsten und Halbwüsten
kann der Wolf überleben.

Vor etwa 150 Jahren waren die Wölfe
in Europa fast ausgestorben.
Heute leben sogar in Deutschland
wieder Wolfsrudel.
Außerdem gibt es Wölfe
in Nordamerika, Mexiko, Indien,
China, Nordafrika
und in der Mongolei.

Der Körperbau der Wölfe

Europäische Wölfe
können bis zu 1,40 Meter lang
und bis zu 90 Zentimeter groß werden.
Sie wiegen zwischen
30 und 50 Kilogramm.

Das **Fell** schützt den Wolf vor Kälte.
Meist ist es grau bis braun gefärbt.
In Kanada gibt es auch schwarze Wölfe.
In der Arktis leben weiße.

Der **Schwanz**
ist sehr buschig
und hängt
beim Laufen herab.
Die Schwanzspitze
ist schwarz.

Die **Pfote** eines
ausgewachsenen Wolfes
kann so groß sein wie
eine Menschenhand.

Auf dem **Rücken** ist bei vielen Wölfen das Fell etwas dunkler. Man nennt das Sattelfleck.

Der Wolf hat ein **Raubtiergebiss**. Mit den spitzen Eckzähnen tötet er seine Beute und hält sie fest. Mit den Schneidezähnen reißt er Stücke aus dem Fleisch. Die Backenzähne zermahlen die Nahrung.

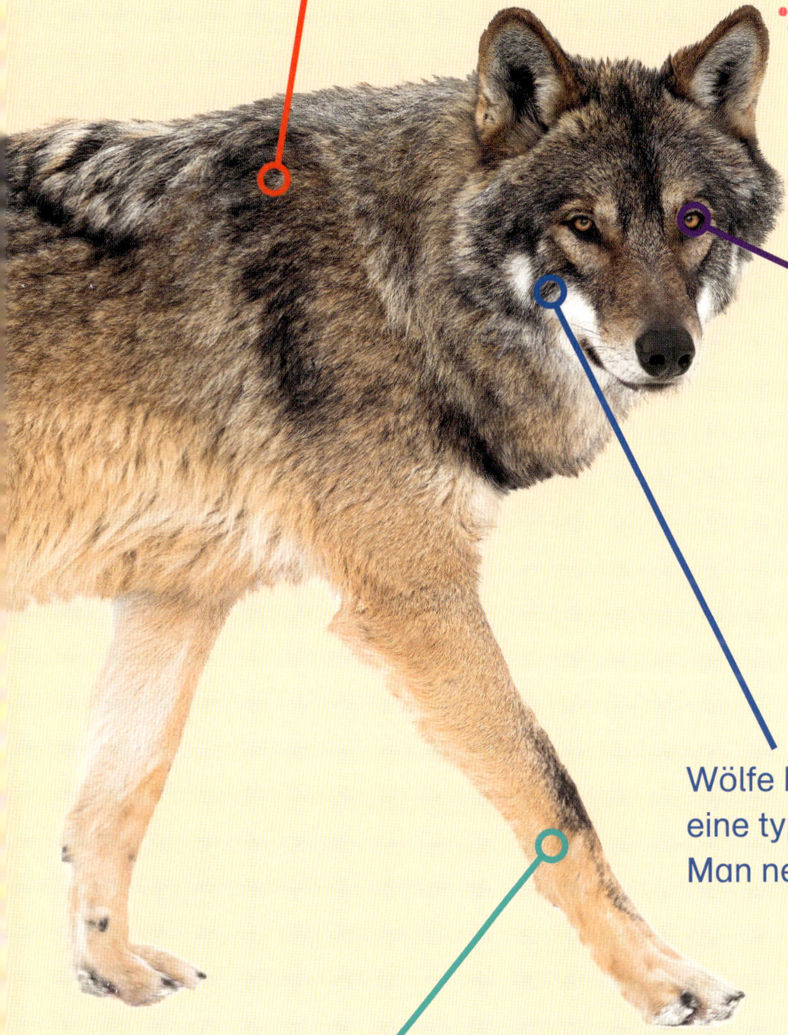

Mit seinen guten **Augen** hat der Wolf einen sehr weiten Blickwinkel – viel weiter als wir Menschen.

Wölfe haben im **Gesicht** eine typische Fellzeichnung. Man nennt das auch Maske.

Wölfe haben lange **Beine**. Sie können sehr schnell laufen: etwa 50 Kilometer pro Stunde.

Guten Appetit!

Wölfe unternehmen lange Streifzüge
durch ihr Revier.
Sie sind immer auf der Suche nach Futter.
Dabei haben sie eine einfache Strategie:
Sie jagen das, was sie am einfachsten kriegen.
Dazu gehören junge und unerfahrene Tiere.
Auch alte, schwache oder kranke Tiere
sind leichte Beute für sie.

Wölfe sind Fleischfresser.
Sie jagen Rehe, Rothirsche,
Damwild oder Wildschweine.
Manchmal erbeuten sie auch Hasen.
Die Reste, die die Wölfe nicht fressen,
verwerten andere Tiere des Waldes.

Der Wolf lässt sich seine Beute schmecken.

Ganz schön hungrig

Im Durchschnitt fressen Wölfe drei bis vier Kilogramm Fleisch am Tag. Sie machen aber nicht jeden Tag Beute. So können sie bis zu zwei Wochen ohne Futter auskommen.

Wie wir Menschen brauchen auch Wölfe Vitamine und Ballaststoffe. Darum fressen Wölfe gern angefaulte Früchte, die am Boden liegen. Außerdem nehmen sie die Nährstoffe aus dem Magen ihrer Beute auf. Rehe und andere Beutetiere sind nämlich Pflanzenfresser.

Hast du gewusst ...

... dass Wölfe manchmal einen riesigen Appetit haben? Sie können bis zu zehn Kilo Fleisch auf einmal fressen.

Ausgezeichnete Ohren

Im Vergleich zu anderen Tieren
hat der Wolf eher kleine Ohren.
Sie sind spitz und dreieckig
und im Inneren dicht behaart.
Mit ihnen kann der Wolf
ausgezeichnet hören.

Wölfe hören das Heulen ihrer Artgenossen
noch aus großer Entfernung.
Sechs Kilometer sind für sie kein Problem.
Wenn der Wind günstig steht,
sind sogar zehn Kilometer möglich.

Ein Wolf
kann seine Ohren
in viele Richtungen
drehen.

Goldene Augen

Junge Wölfe kommen
mit blauen Augen auf die Welt.
Werden die Wölfe älter,
ändert sich die Farbe der Augen.
Sie leuchten gelb, braun oder golden.

Wölfe gehen meist
in der Dämmerung auf die Jagd.
Denn im Dämmerlicht können sie
besonders gut sehen.
Die Wolfsaugen können vor allem
Bewegungen sehr gut erkennen.

Auch weit entfernte Beute sieht der Wolf,
wenn sie sich bewegt.
Das ist besonders praktisch für die Jagd.

Sind Artgenossen oder Beutetiere in der Nähe? Der Wolf hat die Witterung aufgenommen.

Was riecht hier so?

Wölfe haben eine sehr feine Nase.
Sie können ihre Beutetiere aus über
zwei Kilometern Entfernung riechen.
Außerdem können sie Spuren erkennen,
die mehrere Tage alt sind.

Wölfe können 100- bis 1000-mal
besser riechen als der Mensch.
Das liegt an den Geruchszellen in der Nase.
Auch Menschen haben solche Zellen.
Der Wolf hat aber etwa zehnmal so viele.

Am Hinterteil haben Wölfe Drüsen.
Damit sondern sie
einen bestimmten Duft ab.
Dieser Duft ist wie ein Fingerabdruck.
Wölfe können sich an diesem Geruch
untereinander erkennen.

Alles wahrnehmen

Wölfe haben sehr empfindliche Tasthaare.
Sie sitzen an der Schnauze, an den Augen
und an den Außenseiten der Beine.
Damit kann der Wolf sogar Dinge
in der Nähe wahrnehmen,
ohne sie zu berühren.

Die Tasthaare haben
sehr viele feine Nerven-Enden.
Deshalb sind sie so empfindlich.
Sie reagieren schon auf Luftzüge
und Bewegungen.

Sehen, hören,
riechen und tasten:
Die Sinne der Wölfe
sind ausgezeichnet.

Tasthaare

Wolf, Husky und Schäferhund: Die Verwandtschaft ist gut zu erkennen.

Wolf und Hund

Wölfe und Hunde sind eng miteinander verwandt. Alle unsere Haushunde stammen vom Wolf ab.

Vor etwa 10 000 Jahren gingen Menschen und Wölfe gemeinsam auf die Jagd. Später züchteten unsere Vorfahren Wachhunde aus ihnen. Sie waren eine große Hilfe bei der Viehzucht.

Heute sind aus diesen Hunden alle möglichen Hunderassen entstanden.

Wilmas Lesequiz

1 Wie viele Geißlein verteidigen sich im Märchen gegen den bösen Wolf?

a) Es sind sechs Geißlein.

b) Es sind sieben Geißlein.

c) Es sind acht Geißlein.

2 Wie weit können Wölfe hören?

a) Bis zu fünf Kilometer weit.

b) Bis zu sieben Kilometer weit.

c) Bis zu zehn Kilometer weit.

3 Welche Augenfarbe haben die Welpen?

a) Die Augen sind blau.

b) Die Augen sind goldgelb.

c) Das ist immer unterschiedlich.

Lösung: 1b), 2c), 3a)

Leben im Rudel

Wer ist der Stärkere? Der Wolf und das Bison belauern sich.

Was ist ein Rudel?

Wölfe sind keine Einzelgänger.
Sie leben in einem Rudel zusammen.
Das Rudel ist ihre Familie.
Es besteht aus den beiden Eltern
und ihren vier bis sechs Welpen.
Auch die Jungtiere aus dem Vorjahr
gehören dazu.

Wie groß ein Wolfsrudel ist,
hängt von der Nahrung ab.
Je mehr Beutetiere es gibt,
desto größer ist auch das Rudel.

In Nordamerika zum Beispiel
leben große Rinder, die Bisons.
Von so einem Tier werden viele Wölfe satt.
Deshalb sind dort auch die Rudel größer.

Gemeinsam stark!

Das Leben im Rudel hat große Vorteile.
Die Tiere gehen gemeinsam auf die Jagd.
So sind sie erfolgreicher als allein.
Vor allem große Beutetiere können
in der Gruppe besser erlegt werden.

Außerdem wird der Nachwuchs
von der ganzen Familie aufgezogen.
Alle Wölfe im Rudel helfen dabei mit.

Die beiden Elterntiere des Rudels
bleiben sich ein Leben lang treu.
Jedes Jahr bekommen sie
neuen Nachwuchs.

Ein gutes Team:
Das Rudel hält
fest zusammen.

Eine eigene Familie

Wenn sich ein männlicher Wolf
und ein Weibchen gefunden haben,
gründen sie eine eigene Familie.

Wölfe paaren sich von Januar bis März.
Nach etwa neun Wochen werden
im Frühjahr die Welpen geboren.
Ein guter Zeitpunkt!
Denn jetzt ist der Winter vorbei
und es wird wieder wärmer.

Vor der Geburt gräbt die Wölfin
eine Höhle an einem ruhigen Ort.
Darin kommen die Jungen zur Welt.
In der Höhle ist der Nachwuchs
gut geschützt.

In dieser Wurfhöhle
hat die Wölfin
ihre Jungen geboren.

Kinder, es gibt Essen! So füttern Wolfsväter ihren Nachwuchs.

Die Welpen sind da!

In den ersten Wochen trinken die Jungen
die Milch ihrer Mutter.
Am Anfang sind sie noch klein und hilflos.
Erst nach zwei Wochen öffnen sie die Augen.
Kurz danach brechen
die kleinen Milchzähne durch.

Schon nach etwa acht Wochen
gibt es andere Nahrung.
Sie fressen nun vorverdauten Fleischbrei,
den der Vater von der Jagd mitbringt.
Eifrig stupsen die kleinen Wölfe
Papas Schnauze an.
Der würgt dann einen Teil
seiner Jagdbeute wieder hervor.

Wachsen und lernen

Schon bald erkunden die kleinen Wölfe die Gegend rund um ihre Höhle. Sie klettern, rennen und toben umher. Sie jagen sich Stöckchen ab und raufen miteinander. So zeigt sich schon früh, wer von den Kleinen am stärksten oder besonders geschickt ist.

Mit diesen Spielen üben die Geschwister schon für die spätere Jagd.

Beim Spielen messen die kleinen Wölfe ihre Kräfte.

Einmal deutlich knurren! So wird der junge Wolf zurechtgewiesen.

Wer ist hier am stärksten?

Die Welpen testen spielerisch ihren Platz im Rudel aus. Manchmal ärgern sie auch ihre Eltern oder die großen Geschwister.

Die älteren Wölfe lassen den Kleinen viel durchgehen. Doch wenn sie es zu bunt treiben, werden sie durch Knurren oder Zähnefletschen gewarnt.

Die Jungen hören immer noch nicht? Dann werden sie einfach in den Schwitzkasten genommen! Bei Wölfen nimmt dann der Ältere die Schnauze des Kleinen in den Mund. Das bedeutet so viel wie: „Jetzt ist aber Schluss!“

Zusammen macht sich das Rudel auf die Suche nach Nahrung.

Das Rudel wird größer

Im nächsten Frühjahr bekommt
die Wölfin wieder Nachwuchs.
Die Welpen vom Vorjahr
sind jetzt ein Jahr alt.
Man nennt sie auch Jährlinge.

Nun sind sie die großen Brüder
und Schwestern der neuen Welpen.
Für ihre Eltern sind sie eine große Hilfe.

Gemeinsam gehen sie
mit dem Vater auf die Jagd.
Sie lernen von ihm
und helfen gleichzeitig
beim Beschaffen der Nahrung.
Denn das Rudel ist nun größer geworden
und braucht auch mehr zu fressen.

Alle helfen mit

Die Jährlinge helfen auch ihrer Mutter.
Sie spielen mit den kleinen Geschwistern
und passen auf sie auf.
Denn so eine wilde Rasselbande
ist ganz schön schwer zu bändigen.

Damit es in der Wolfsfamilie
nicht drunter und drüber geht,
hat das Rudel sogenannte Leitwölfe.
Sie geben den Ton an, schlichten Streit
und sorgen so für Ordnung.

Leitwölfe sind ruhig und erfahren.
Meist nehmen die Eltern diese Rolle ein.

Beim Babysitten
braucht man
viel Geduld.

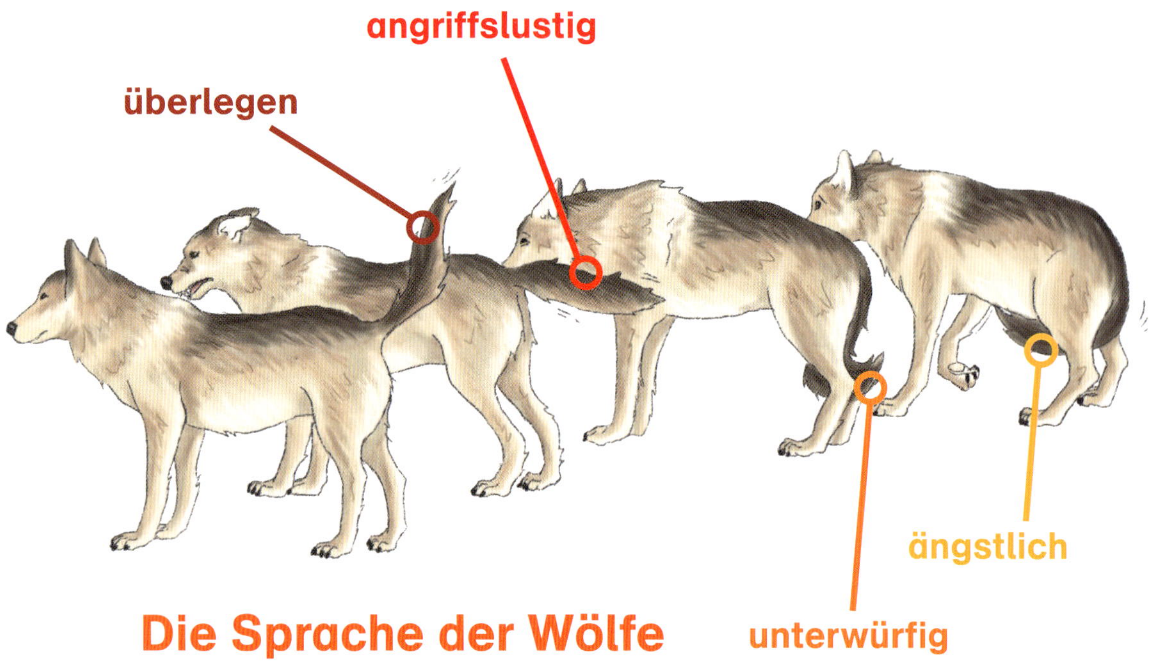

Die Sprache der Wölfe

Meistens geht es im Wolfsrudel
recht friedlich zu.
Aber wie in jeder Familie
gibt es auch bei den Wölfen
ab und zu mal Streit.
Dann hilft ihnen die Körpersprache.

Mit der Stellung ihres Schwanzes
sagen sie zum Beispiel:
„Achtung, ich bin hier der Stärkere!“
oder: „Okay, du hast gewonnen. Ich gebe auf!“

Auch ihr Gesichtsausdruck zeigt an,
ob sie entspannt sind, Angst haben
oder drohen wollen.

Warum heulen Wölfe?

In der Dämmerung ist es gut zu hören:
Ein langes, schaurig-schönes Jaulen
dringt aus dem Wald – das Heulen der Wölfe.

Wölfe heulen, um sich miteinander
zu verständigen.
Sie rufen ihr Rudel zusammen,
um auf die Jagd zu gehen.
Männliche und weibliche Wölfe
finden sich durch Heulen,
wenn sie eine Familie gründen wollen.

Mit ihrem Heulen markieren
Wölfe auch ihr Revier.
Fremde Wölfe
werden gewarnt:
„Dieses Gebiet
ist schon besetzt!"

Wölfe können ihr Rudel
am Heulen erkennen.

Manche Wölfe wandern viele Kilometer weit bis in ihr neues Revier. Andere bleiben lieber in der Nähe.

Auf Wanderschaft

Die Jungwölfe werden langsam erwachsen.
In ihrem zweiten Lebensjahr
verlassen sie ihr Rudel
und gehen auf Wanderschaft.
Nun suchen sie sich ihr eigenes Revier.
Bald werden sie selbst eine Familie gründen.

Bei der Suche nach dem neuen Zuhause
geht es immer der Nase nach.
Ist das Revier schon von einem
anderen Wolfsrudel besetzt?
Gibt es hier genug Beute für die Jagd?
Und vielleicht ist ja ein Weibchen
für die Familiengründung in der Nähe.

Wilmas Lesequiz

1 Wie lange trinken die Welpen Muttermilch?

a) Etwa vier Wochen.

b) Etwa acht Wochen.

c) Etwa zwölf Wochen.

2 Wer kümmert sich außer den Eltern noch um die Welpen?

a) Die Oma.

b) Die Nachbarn.

c) Die älteren Geschwister.

3 Wer hat im Rudel das Sagen?

a) Der Leitwolf.

b) Der größte Wolf.

c) Der älteste Wolf.

Lösung: 1b), 2c), 3a)

Wölfe in aller Welt

Europäischer Grauwolf

Gewicht: 30 bis 50 Kilogramm
Größe: 60 bis 90 Zentimeter
Länge: bis 140 Zentimeter

Wölfe in Europa

Wenn wir von Wölfen sprechen,
meinen wir meistens
den **Europäischen Grauwolf**.
Er ist bei uns wieder heimisch.
Doch das war nicht immer so.

Früher war der Europäische Wolf
überall in Europa verbreitet.
Dann wurde er von den Menschen
gejagt und fast ausgerottet.
Doch seit einigen Jahren gibt es
bei uns wieder Grauwölfe
in freier Wildbahn.

Graues Fell, lange Beine

Grauwölfe sehen ein bisschen aus wie Schäferhunde. Sie haben aber längere Beine. Auch die Schnauze ist länger und schmaler. Außerdem haben sie einen geraden Rücken. Bei Hunden fällt der Rücken nach hinten ab.

Das Fell des Europäischen Wolfs ist meistens grau-braun mit schwarzen, weißen oder sogar gelblichen Stellen. So ist er in seiner Umgebung sehr gut getarnt.

Lange Beine und eine schmale Schnauze: Das ist typisch für den Wolf.

Im warmen Süden

Auch im warmen Südeuropa gibt es Wölfe.
In Spanien und Portugal lebt
der **Iberische Wolf**.
Er zählt zu den Grauwölfen.
Iberische Wölfe sind etwas kleiner
als ihre Verwandten.

Iberischer Wolf

Gewicht: 20 bis 40 Kilogramm
Größe: bis 70 Zentimeter
Länge: 100 bis 140 Zentimeter

Der **Italienische Wolf**
lebt gern in den Bergen.
Er wohnt vor allem im Apennin,
das ist ein Gebirge in Italien.
Auch in den französischen Alpen
kommt er vor und wandert sogar
bis in die Schweiz.

Italienischer Wolf

Gewicht: bis zu 35 Kilogramm
Größe: bis 70 Zentimeter
Länge: bis 150 Zentimeter

Arabischer Wolf

Gewicht: 18 bis 20 Kilogramm
Größe: bis 70 Zentimeter
Länge: 100 bis 140 Zentimeter

In der Wüste

Der **Arabische Wolf** ist
der kleinste von allen Wölfen.
Seine Heimat ist
die Arabische Halbinsel.
Hier liegen zum Beispiel die Länder
Saudi-Arabien, Jemen oder Oman.

Arabische Wölfe leben
in heißen, trockenen Gebieten.
Sie haben ein kurzes, dünnes Fell
und große Ohren.
Die Tiere fressen alles, was sie
zwischen Sand und Steinen finden:
Insekten, Mäuse, Früchte und Aas.

Tundrawolf

Gewicht: bis zu 80 Kilogramm
Größe: 65 bis 80 Zentimeter
Länge: 100 bis 150 Zentimeter

In der kalten Steppe

Hoch im Norden,
von Finnland bis Sibirien,
lebt der **Tundrawolf**.
Er wohnt in den kalten Zonen
Europas und Asiens.

Die Tundra, die ihm seinen Namen gibt,
ist eine Steppe weit oben im Norden.
Das Land ist weit und karg.
Hier wachsen keine Bäume mehr,
nur Moos, Gräser, Flechten und Sträucher.
Im Winter liegt viel Schnee.

Das dicke Fell des Wolfs
ist weiß, grau oder beige
und wärmt ihn perfekt.

In der eisigen Arktis

Arktische Wölfe leben im Norden
von Kanada und Grönland.
Dieses Gebiet gehört zur Arktis.
Die Gegend dort ist extrem rau.
Die Winter sind lang und dunkel.
Hier liegt fast immer Schnee.
Und es ist eisig kalt: Minus 50 Grad Celsius
zeigt das Thermometer manchmal an.

Deshalb hat der Arktische Wolf
ein besonders dichtes und langes Fell.
Es ist fast komplett weiß.
Nur am Rücken ist es etwas dunkler.
Der helle, dicke Pelz wärmt die Tiere
und sorgt für eine gute Tarnung im Schnee.

Arktischer Wolf

Gewicht: bis zu 80 Kilogramm
Größe: 60 bis 80 Zentimeter
Länge: bis 150 Zentimeter

Im dichten Wald

Der **Timberwolf** ist ein Waldbewohner.
Er lebt im Norden der USA und in Kanada.
Dort gibt es noch viele dichte
Laub- und Nadelwälder.

Das Fell der Timberwölfe kann
viele unterschiedliche Farben haben.
Es gibt schwarze und sogar weiße Tiere.
Die meisten Wölfe sind aber braun.

Die Lieblingsnahrung der Timberwölfe
sind Weißwedelhirsche und Elche.
Sie sind typische Bewohner
der nordamerikanischen Wälder.

Timberwolf

Gewicht: etwa 40 bis 60 Kilogramm
Größe: 70 bis 90 Zentimeter
Länge: 120 bis 140 Zentimeter

Mackenzie-Wolf

Gewicht: bis zu 80 Kilogramm
Größe: 70 bis 90 Zentimeter
Länge: bis 200 Zentimeter

Ganz schön groß

Der **Mackenzie-Wolf** zählt
zu den größten Wölfen der Welt.
Er kann bis zu zwei Meter lang werden.
Damit ist er ein beeindruckendes Tier!
Mackenzie-Wölfe leben
in Nordamerika.

Hast du gewusst ...

... dass manche Wölfe
lieber fischen als jagen?
Solche Wölfe leben
an der Westküste von Kanada.
Sie fressen gern Lachse und Krebse.
Muscheln graben sie aus dem Sand
oder pflücken sie vom Treibholz herunter.

Wo kommst du her?

Wölfe mit weißem Fell leben
in Gegenden mit viel Schnee.
In dichten Wäldern ist das Fell dunkel.
Wölfe der Wüste sind braun oder gelb.
So sind die Jäger immer gut getarnt.

Wölfe in kalten Gegenden
haben kleinere Ohren
als Tiere in wärmeren Gebieten.
Über die Ohren regeln sie ihre Temperatur.

Im kalten Norden werden Wölfe
außerdem größer und schwerer
als ihre Verwandten im heißen Süden.
Anscheinend ist es ein Vorteil,
bei Hitze klein und leicht zu sein.

Wilmas Lesequiz

1 Welcher Wolf ist bei uns wieder heimisch?

a) Der Europäische Grauwolf.

b) Der Tundrawolf.

c) Der Timberwolf.

2 Welcher ist der kleinste Wolf der Welt?

a) Der Mackenzie-Wolf.

b) Der Arabische Wolf.

c) Der Iberische Wolf.

3 Welcher Wolf zählt zu den größten seiner Art?

a) Der Mackenzie-Wolf.

b) Der Arabische Wolf.

c) Der Iberische Wolf.

Lösung: 1a), 2b), 3a)

Wölfe
und Menschen

Groß frisst Klein

In unseren Wäldern leben große, kleine und ganz winzige Tiere und Pflanzen. Sie alle müssen genug Nahrung finden, um zu überleben.

Die Kleinen werden von den Größeren gefressen. Ganz am Ende stehen die großen Jäger, wie der Wolf. Man nennt das auch Nahrungskette.

Da jedes Tier mehrere Lieblingsspeisen hat, sprechen Forscher auch von Nahrungsnetzen.

Alle sind wichtig!

Durch diese Nahrungsnetze
bleibt die Natur im Gleichgewicht.
Werden Rehe oder Hirsche
nicht mehr vom Wolf gefressen,
vermehren sie sich stark.
Sie brauchen immer mehr zu fressen
und richten schließlich Schäden
an den Pflanzen an.
Dann müssen Jäger eingreifen.
Sie schießen das Wild,
um die Bäume im Wald zu schützen.

Forscher haben berechnet:
Ein Wolf frisst im Jahr etwa 60 Rehe,
15 Wildschweine und 10 Hirsche.

Die großen Tiere
fressen die kleinen
in der Nahrungskette.

Angst vor dem Wolf

Wölfe und andere tierische Jäger
sind also wichtig für die Natur.
Das wissen die meisten Menschen.

Doch Wölfe sind vor allem Raubtiere.
Viele Leute fürchten sich vor ihnen.
Sie wollen die Tiere nicht in der Nähe
ihrer Dörfer und Städte haben.

Früher wurden die Wölfe
deshalb gejagt und getötet.
So verschwanden vor etwa 150 Jahren
die letzten Wölfe aus Deutschland.

Viele Menschen
haben Angst
vor dem Wolf.

Wir Menschen breiten uns immer weiter aus. Deshalb haben Wölfe immer weniger Platz.

Die Wölfe sind zurück

Heute stehen Wölfe
in vielen Ländern
unter Naturschutz.
Auch bei uns ist die Jagd
auf Wölfe verboten.

So konnte der Wolf langsam
nach Europa zurückkehren.
Zunächst wurden nur einzelne
wandernde Wölfe gesichtet.
Finden sie eine passende Partnerin
und haben sie ausreichend Platz,
gründen sie ein Rudel.

Eingewandert

Bei uns leben die meisten Wölfe
im Osten und Norden von Deutschland.
Viele Tiere sind aus Polen,
unserem Nachbarland im Osten,
zu uns eingewandert.

Vor allem in den Bundesländern
Brandenburg, Sachsen und Niedersachsen
haben sich die Wölfe angesiedelt.
Im Jahr 2000 gab es Nachwuchs.
In Sachsen wurden die ersten Wolfswelpen
in Freiheit geboren.

In Österreich und in der Schweiz
gibt es ebenfalls wieder Wölfe.
Auch hier vermehren sich die Tiere.
Ihre Zahl steigt weiter an.

Dieser Wolf lebt in den österreichischen Alpen.

Wölfe in Deutschland

Auf der Karte siehst du,
wo die meisten Wölfe
in Deutschland leben.

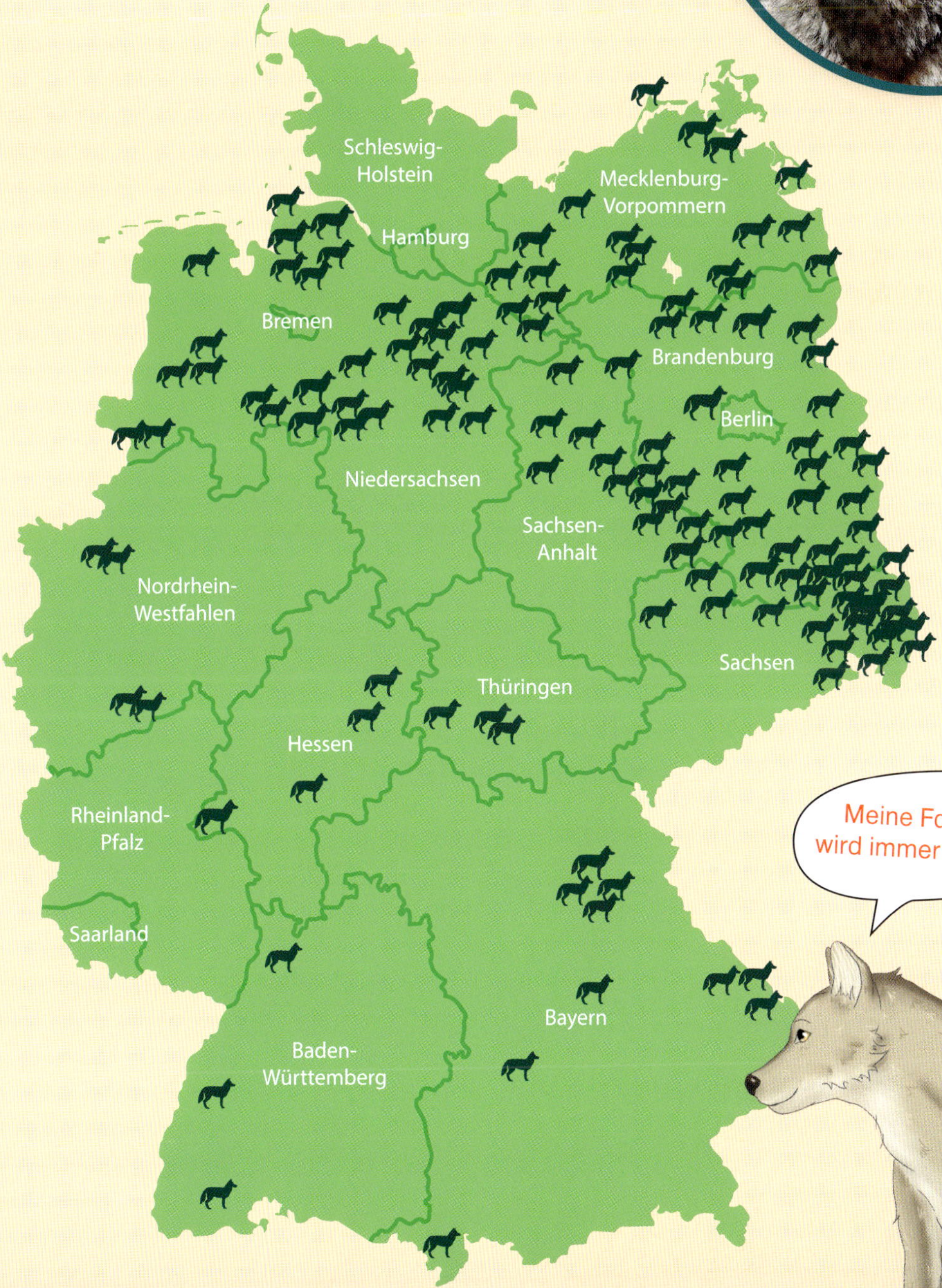

Herdenschutzhund

Probleme mit dem Wolf

Naturschützer sind begeistert,
dass wieder Wölfe bei uns leben.
Doch nicht alle Leute freuen sich.
Vor allem für Bauern und Schäfer
sind die Wölfe ein Problem.
Denn die Tiere jagen am liebsten das,
was leicht zu haben ist.
Eingezäunte Schafsherden und Ziegen
sind für den Wolf eine leichte Beute.

Experten und Expertinnen
zeigen betroffenen Landwirten,
wie sie ihre Tiere noch besser
vor einem Wolf schützen können.
Zum Beispiel mit hohen Stromzäunen.
Auch Herdenschutzhunde sind eine gute Hilfe.
Doch manchmal hilft das alles nichts.
Dann werden getötete Tiere vom Staat ersetzt.

Unruhe im Wald

Viele Jäger haben Sorge,
dass die Wildtiere im Wald
durch den Wolf in Angst
und Schrecken versetzt werden.

Die Forschung hat das widerlegt.
Die Tiere des Waldes sind recht entspannt,
auch wenn Wölfe in der Nähe sind.
Sie laufen erst weg, wenn die Wölfe
einen Angriff starten.

Beutetiere gewöhnen sich
auch an den Wolf.
Sie suchen sich bessere Verstecke
und weichen bei der Futtersuche
geschickt aus.

Wölfe jagen vor allem Wildtiere, wie Rehe. Manchmal reißen sie aber auch Nutztiere, zum Beispiel Schafe.

Sind Wölfe für uns gefährlich?

Es kommt nur sehr selten vor, dass Menschen und Wölfe aufeinandertreffen. Wölfe haben ein feines Gehör und eine gute Nase. Lange bevor wir sie sehen, haben sie uns schon gehört und gewittert.

Wie alle Wildtiere ist der Wolf scheu. Deshalb hat er meistens mehr Angst vor dir als du vor ihm – und wird sich aus dem Staub machen.

Wölfe wittern die Menschen. Sie gehen ihnen aber lieber aus dem Weg.

Dieser Wolf bekommt einen Peilsender. Gerade wacht er wieder aus der Narkose auf.

Wölfe erforschen

Wolfsforscher und Forscherinnen
haben die grauen Jäger genau im Blick.
Sie lesen und vermessen ihre Spuren.
Mit Wildkameras werden die Tiere
beobachtet und fotografiert.

Wenn ein Wolf sein Häufchen hinterlässt,
nehmen die Wissenschaftler Proben davon
und untersuchen sie.
So erfahren sie, welche Beutetiere
auf seinem Speiseplan gestanden haben.

Manchmal gelingt es sogar,
einem Tier einen Peilsender anzuhängen.
So kann man genau feststellen,
wohin und wie weit Wölfe wandern.

Sag mal, Wilma ...

... wo bist du denn besonders gern unterwegs?

Am liebsten streife ich durch die tiefen Wälder in meiner Heimat. Dort treffe ich fast niemanden und kann in Ruhe auf die Jagd gehen. Vielleicht gibt es hier in der Nähe sogar ein neues Revier für mich. Bald gehe ich auf Wanderschaft und mache mich auf die Suche.

Du hast ja in der ganzen Welt Verwandtschaft. Wen würdest du denn gern mal besuchen?

Am liebsten würde ich meine Cousins und Cousinen in Kanada besuchen. Die schwimmen im Meer und fressen jede Menge Fisch. Das wär‘ bestimmt ein tolles Abenteuer! Obwohl ich selbst viel lieber Reh esse!

Gibt es etwas, wovor du dich fürchtest?

Na ja, fürchten ist zu viel gesagt. Aber wir verstehen uns nicht so gut mit den Jägern und Bauern bei uns. Sie wollen nicht, dass wir ihre Schafe und Rehe reißen. Doch wenn ich Hunger habe, muss ich einfach etwas jagen! Und auch die anderen Wölfe in meinem Rudel brauchen genug zu fressen.

Und was hast du heute noch vor?

Ich werde gleich noch mit meinen kleinen Geschwistern Fangen spielen. Dabei zeige ich ihnen mal die ganzen Tricks, die ich so kann.

Danke, Wilma! Viel Spaß beim Babysitten!

Wilmas großes Lesequiz

1 Wo gibt es keine Wölfe?

a) In der Tundra.

b) In der Taiga.

c) In der Antarktis.

2 Wie nennt man eine Wolfsfamilie mit Vater, Mutter und Jungwölfen?

a) Herde

b) Rudel

c) Gruppe

3 Wo leben Wölfe?

a) Auf der ganzen Welt.

b) Auf der Südhalbkugel.

c) Auf der Nordhalbkugel.

Lösung: 1c), 2b), 3c)

4 Wie viel Kilogramm Fleisch kann ein Wolf auf einmal fressen?

a) Bis zu 10 Kilogramm.

b) Bis zu 20 Kilogramm.

c) Bis zu 30 Kilogramm.

5 Wie heißen die empfindlichen Haare an der Schnauze?

a) Das sind die Fühlhaare.

b) Das sind die Tasthaare.

c) Das sind die Testhaare.

6 Welcher Satz über das Rudel stimmt nicht?

a) Das Rudel geht zusammen auf die Jagd.

b) Das Rudel kümmert sich gemeinsam um die Welpen.

c) Ein Rudel bleibt ein Leben lang zusammen.

Lösung: 4a), 5b), 6c)

7 Wo kommen die Jungen zur Welt?

a) In einer Wurfhöhle.

b) Unter einem Baum.

c) Im hohen Gras.

8 Welche Hunde sehen dem Wolf ähnlich?

a) Mops und Dackel.

b) Pudel und Spitz.

c) Schäferhund und Husky.

9 An welcher Stelle der Nahrungskette steht der Wolf?

a) Als Pflanzenfresser am Anfang der Kette.

b) Als großer Jäger am Ende der Kette.

c) In der Mitte. Er frisst andere Tiere und wird selbst gefressen.

Lösung: 7a), 8c), 9b)

10 Wie viele Rehe frisst ein Wolf in einem Jahr?

a) Etwa 10 Stück.
b) Etwa 60 Stück.
c) Etwa 100 Stück.

11 Wo lebt der Timberwolf?

a) In Nordamerika.
b) In Südamerika.
c) Auf der ganzen Welt.

12 Was sind Jährlinge?

a) Die jüngsten Welpen im Rudel.
b) Die Jungwölfe aus dem vorigen Jahr.
c) Die Leitwölfe des Rudels.

Lösung: 10b), 11a), 12b)

Bildquellennachweis

Archiv Tessloff: 1m, 2-3, 9ur, 13ur, 14or, 19or, 24mr, 30o, 33or, 39mr, 43mm, 45or, 48-49u, 51mr, 53ur, 58or, 60or; Flickr: 57or (CC BY-SA 2.0: Oregon Department of Fish and Wildlife); mauritius images: 22o (Tom Uhlman / Alamy / Alamy Stock Photos); picture alliance: 12ur (dpa/ dpa-Zentralbild | Ingolf König-Jablonski), 23ur (Shotshop | MRR photography), 27or (blickwinkel/ McPHOTO/M. Weber), 39ol (Minden Pictures | Roland Seitre), 40o (imageBROKER | Daniel Heuclin), 60mr (Shotshop | MRR photography); Shutterstock: 4-5Hg. (Volodymyr Burdiak), 6ol (Andrea Danti), 6or (Oleg Senkov), 7ur (Bildagentur Zoonar GmbH), 8or (Pyty), 8ul (Barbara Ash), 8ur (Sergey Uryadnikov), 9o (Greens and Blues), 10ul (Victoria Tucholka), 10-11 (photomaster), 11or (Eduardo Arranz), 12ul (Randy van Domselaar), 12um (Firma V), 13or (Volodymyr Burdiak), 14ul (Holly Kuchera), 15ol (COULANGES), 15or (Holly Kuchera), 16o (Holger Kirk), 17ur (Geoffrey Kuchera), 18ol (Bildagentur Zoonar GmbH), 18or (Ivanova N), 18mm (Rita_Kochmarjova), 20-21Hg. (Derek R. Audette), 24u (Irantzu Arbaizagoitia), 25or (Bildagentur Zoonar GmbH), 26mr (Wolf Mountain Images), 26ul (COULANGES), 28o (James_Lindsay), 29ur (COULANGES), 31ur (Nagel Photography), 32o (Erik Mandre), 34-33Hg. (Lucie Bartikova), 36o (AB Photographie), 37ul (Martin Prochazkacz), 37mr (Martin Mecnarowski), 38mr (ANDRES MENA PHOTOS), 38um (Alessandro Cristiano), 41ur (Michal Ninger), 42ur (AB Photographie), 43or (slowmotiongli), 43ur (azure1), 44ol (Denis Pepin), 46-47 (Danita Delimont), 50ul (kochanowski), 51or (Nagel Photography), 52ul (mjurik), 53or (Panagiotis Komninelis), 53mm (boreala), 54ol (Tomas Hulik ARTpoint), 54or (Matauw), 55ul (Lubos Chlubny), 55ur (Stanislav Duben), 56ul (Zivica Kerkez), 56um (Vaclav Sebek), 56ur (Alexandr Junek Imaging), 62or (Bildagentur Zoonar GmbH), 63mr (AB Photographie); Wikipedia: 44or (CC BY-SA 4.0: Ahmad Qarmish12)

Umschlagfotos: Shutterstock: U1 (Nagel Photography), U4 (Vlada Cech)

Burgschmietstraße 2 – 4
90419 Nürnberg
qualitaet@tessloff.com
www.tessloff.com

Autorin: Christina Braun
Illustratorin: Ruth Koch
Grafik: Ruth Koch
Lektorat: Sonja Meierjürgen
Bildredaktion: Katja Filler
Druck: Livonia Print

ISBN 978-3-7886-7676-6

FSC
www.fsc.org
MIX
Papier | Fördert gute Waldnutzung
FSC® C002795

WAS IST WAS
Erstes LESEN
Wale und Delfine
TESSLOFF

WAS IST WAS
Erstes LESEN
Planeten
TESSLOFF

WAS IST WAS
Erstes LESEN
Vulkane
TESSLOFF

WAS IST WAS
Erstes LESEN
Natur entdecken
TESSLOFF

WAS IST WAS
Erstes LESEN
Bienen
TESSLOFF

WAS IST WAS
Erstes LESEN
Wald
TESSLOFF

WAS IST WAS
Erstes LESEN
Pferde und Ponys
TESSLOFF

WAS IST WAS
Erstes LESEN
Wetter
TESSLOFF

WAS IST WAS
Erstes LESEN
Polargebiete
TESSLOFF

WAS IST WAS
Erstes LESEN
Unsere Erde
TESSLOFF

WAS IST WAS
Erstes LESEN
Insekten
TESSLOFF

WAS IST WAS
Erstes LESEN
Ozeane
TESSLOFF

WAS IST WAS
Erstes LESEN
Dinosaurier
TESSLOFF

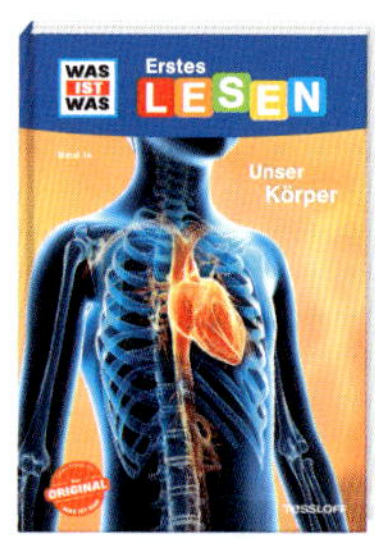
WAS IST WAS
Erstes LESEN
Unser Körper
TESSLOFF

WAS IST WAS
Erstes LESEN
Regenwald
TESSLOFF

WAS IST WAS
Erstes LESEN
Haie
TESSLOFF

WAS IST WAS
Erstes LESEN
Raubkatzen
TESSLOFF

WAS IST WAS
Erstes LESEN
Greifvögel
TESSLOFF

WAS IST WAS
Erstes LESEN
Ritter und Burgen
TESSLOFF

WAS IST WAS
Erstes LESEN
Wölfe
TESSLOFF